AF338893

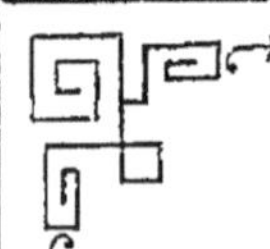

ESSAIS POLITIQUES

NOBLESSE et RÉPUBLIQUE

PAR

Le Comte H. du BRIEUX

Fais ce que dois ; advienne que pourra.

BREST

Imp. L. ÉVAIN-ROGER, rue Saint-Yves, 32.

Avril 1879

NOBLESSE et RÉPUBLIQUE

PAR

Le Comte H. du BRIEUX

Fais ce que dois ; advienne que pourra.

BREST

Imp. L. ÉVAIN-ROGER, rue Saint-Yves, 32.

Avril 1879

A MADAME X***

Vous connaissiez déjà ces essais, permettez-moi de les placer sous votre patronage, et puissent-ils, sous votre heureuse étoile, n'avoir pas trop à souffrir des coups du sort.

Agréez donc, Madame, avec bienveillance, ce modeste hommage d'une amitié sincère et dévouée.

Cte DU BRIEUX.

AU LECTEUR

Je ne me dissimule pas les malédictions ni les anathèmes qui vont m'accabler, mais « fais ce que dois, advienne que pourra » telle a été et sera ma devise. Je demande d'abord grâce pour mes imperfections de style ; je n'ai pas la prétention de passer pour un écrivain émérite ; à mon avis, il faut s'attacher moins à l'arrangement des périodes, au choix des expressions, qu'aux idées exprimées sincèrement, qui deviennent alors le reflet de nos sentiments et de notre jugement, que chacun doit apprécier suivant les règles d'une justice impartiale.

Je prie donc mes lecteurs de ne tenir compte que des pensées qui m'ont été suggérées suivant les circonstances où elles se sont produites, avec l'intention bien sincère de ma part de me placer au-dessus de tout esprit de parti, pour n'écouter que l'équité et la raison.

Les uns approuveront, les autres blâmeront ; mais au-dessus du verdict de l'opinion, il me restera toujours celui de ma conscience, dont je ne dois compte qu'à Dieu.

Dans un temps de discussion comme le nôtre, où les opinions les plus contraires sont soumises à l'examen par des hommes d'égale honorabilité, il ne faut s'inquiéter ni des mépris ni des injures, mais marcher ouvertement, laisser dire et faire ce que l'on croit le mieux.

Si donc je livre à la publicité quelques fragments composés dans des instants de loisir, ce n'est pas pour faire un peu de bruit autour de ma modeste personnalité, mais parce que j'ai pensé que ces essais, faits en leur temps pour ma distraction personnelle et sans projets d'ambition, pourraient répandre quelques idées que je crois saines et justes, et qui contrebalanceraient, utilement peut-être, l'effet de doctrines imprudentes qui conduisent à des débâcles politiques, malheureusement trop fréquentes chez nous, et que tous nous devons avoir à cœur d'atténuer autant que possible.

Car, hélas ! la paix absolue, la paix parfaite n'est pas de ce monde. Tant qu'il y aura de la mer et des vents, il y aura des tempêtes ; tout ce que nous pouvons faire, c'est, par une sage prévoyance, par d'habiles précautions, de rendre les naufrages moins nombreux et moins désastreux.

NOBLESSE ET RÉPUBLIQUE

Il n'est pas inutile de se demander le rôle que pourrait tenir la noblesse dans une République.

Quelle que soit la fidélité, toute à son honneur, de la noblesse à la monarchie légitime, elle ne peut cependant s'abuser jusqu'à croire au retour possible du Comte de Chambord ; et parmi ceux qui hautement affichent ces espérances, beaucoup dans le recueillement de leur pensée se sentent ébranlés, secouent tristement la tête d'un air de doute et se demandent, interrogeant l'avenir, à quelle cause ils devront désormais apporter leur concours ; car, dans les circonstances présentes, il n'est pas permis, sans manquer à tous ses devoirs, de se désintéresser des affaires publiques.

Avec le suffrage universel, qu'on ne saurait avoir la témérité de supprimer, il ne reste que deux issues possibles : ou la République, et alors nous devons l'établir régulière et modérée ; ou le Césarisme, c'est-à-dire le plus fatal de tous les systèmes de gouvernement.

La noblesse ira-t-elle à République ou au Césarisme ?

Dieu merci, il y a chez la noblesse de Bretagne, cette terre classique de l'honneur et de la loyauté, trop de fierté et de courage, pour lui faire l'injure de croire qu'elle ait pu oublier si vite les humiliations laissées par le dernier Empire.

Il ne reste donc plus que la République. Déjà, ailleurs, des adhésions marquantes ont eu lieu. Le marquis de Noailles, les comtes de Lur Saluces, de Choiseul, de Montalivet, Lafayette et tant d'autres ont donné l'exemple, qui sera suivi, il n'en faut pas douter.

Pour justifier ces adhésions, je vais reproduire certaines pages que j'écrivis quelques mois avant la Commune, et dans lesquelles je prenais à partie les insensés qui s'imaginent que tout vrai républicain doit porter des sabots bourrés de paille, la carmagnole, le bonnet phrygien, et avoir les mains sales.

C'est contre cette opinion absurde que j'essayai de réagir, et j'arrivais à conclure que la République et la Noblesse peuvent se tendre la main. Voici ces lignes, que je livre aux méditations de la Noblesse.

Je disais : C'est l'honneur de l'homme de retrouver dans l'inégalité des conditions, je me garde de dire des castes, le stimulant de son activité et de son développement moral. Le bien-être, la fortune en effet, doivent être la récompense du travail et de l'intelligence, et c'est pour en obtenir la possession et les avantages qui en découlent, que l'homme déploie tant d'énergie dans le labeur, tant de ressources dans l'invention, et qu'il arrive à réaliser, dans toutes les branches de l'industrie humaine, ces progrès merveilleux, objets de notre étonnement et de notre admiration.

C'est en vain que la paresse et l'incapacité, dans leurs convoitises ardentes, prétendent acquérir d'un seul coup, sans travail ni fatigue, par une révolution ou par un partage absurde, le bien qui doit récompenser les efforts de ceux qui en sont dignes. L'Egalité absolue doit s'arrêter devant la Loi seule, sous peine de tomber dans des utopies dangereuses, et bientôt dans la barbarie.

En effet, comment voulez-vous que la copie d'un mauvais peintre vaille jamais le tableau du maître ? Il faudrait pour cela supprimer entièrement le bon goût et la justice ; et, certes, ce n'est pas en France, où les instincts sont si raffinés et si délicats, que l'on réussira dans cette tâche. En raison même de ces qualités éminemment nationales, et qui sont le signe distinctif de notre race au milieu de la famille européenne, il n'est pas téméraire d'affirmer que la République ne s'implantera chez nous qu'à la condition de ménager certaines susceptibilités, certains préjugés comme on les appelle, et qui, résultats d'une éducation monarchique séculaire, ne pourront s'atténuer qu'insensiblement avec le temps, en entretenant, toutefois, chez notre nation, eu égard à son tempérament et à son génie, le double caractère d'être essentiellement démocratique dans ses institutions, mais inévitablement aristocratique dans ses mœurs et ses usages.

Ces deux termes, au premier abord si disparates, se rencontrent cependant en un même point, celui de la justice distributive ; car, si l'égalité devant la justice légale efface toutes les individualités et les place impitoyablement sous le même niveau pour toutes les questions de droit politique et de droit commun, à son tour, l'égalité devant la justice distributive exige qu'à chaque personnalité s'attache une part de considération proportionnée aux mérites de l'individu, où sans cela que deviendrait l'équité ? Nous tomberions dans l'inégalité la plus odieuse, si nous prisions au même degré deux hommes de valeur disproportionnée.

La Noblesse des premiers temps n'a donc pu puiser son origine que dans le légitime hommage rendu aux actes de vertu et de courage, et, à ce titre, elle n'a rien d'incompatible avec la République. Je dirai même qu'elle est l'essence de la République, chaque fois que la notoriété qui s'attache au nom est le résultat de services signalés ou de vertus éminentes. Quoi donc de plus naturel que l'on conserve dans les familles, comme un héritage précieux, le souvenir des nobles traditions laissées par les ancêtres. N'y a-t-il pas là un motif puissant, pour ceux qui possèdent la piété du cœur, de perpétuer ces traditions d'âge en âge, et de faire revivre au milieu de leurs contemporains, comme des phares placés de loin en loin, l'éclat des vertus guerrières et civiques, destinées à servir d'exemple aux masses et à leur éclairer la vraie voie de l'honneur et du patriotisme, en entretenant chez elles le culte de tout ce qui est beau, grand et noble.

Ainsi, dans la République, c'est Miltiade succombant aux Thermopyles ; dans la Monarchie, d'Assas frappé au cœur ; dans la République, Régulus ; dans la Monarchie, notre duc Charles de Blois (1) et de la Barbinais (2), deux héros bretons, préférant reprendre leur captivité plutôt que de manquer à la parole jurée... etc., et les rapprochements fourmillent ; de part et d'autre, c'est un assaut d'héroïsme, d'abnégation, de dévouement.

Hé bien, je demande aux niveleurs insensés et jaloux qui, ne pouvant s'élever à la hauteur de ces traits sublimes, cherchent à ravaler toutes les gloires et à les rapetisser au niveau de leur médiocrité ; je leur demande : qu'étaient toutes ces illustrations, toutes ces familles patriciennes des Hortensius, des Fabius, des Gracchus... etc..., qui rappellent les plus grands souvenirs de la République romaine ? Toutes ces fières maisons ne constituaient-elles pas une véritable noblesse, qui ne le cède ni en puissance ni en prestige à celle de nos monarchies ?

D'ailleurs, depuis que l'aristocratie, selon l'acception politique du nom, a disparu en France, sans retour possible, avec l'abolition des priviléges, quel ombrage pourrait porter,

---

(1) Charles de Blois, prisonnier du roi d'Angleterre, était venu en France marier une de ses filles au Connétable de France, sur la promesse que le roi Jean-le-Bon paierait sa rançon ; mais le roi ne paya rien, et le noble duc, fidèle à sa parole, retourna en prison, où il passa encore six années.

(2) Porcou ou Parcou de La Barbinais, de Saint-Malo, sous Louis XIV, prisonnier du dey d'Alger et envoyé par lui en France traiter de la rançon ou de l'échange des esclaves, fit le serment que si le roi refusait, il viendrait reprendre ses chaines, et il savait que le dey tiendrait la promesse du supplice dont il l'avait menacé. Parcou dit au roi sa mission et lui fit connaitre le mauvais état des défenses d'Alger, en l'engageant à faire bombarder la ville par Duquesne.

Fidèle à sa parole, de La Barbinais retourna ensuite à Alger, où il fut empalé.

C'est encore là le pendant du Roi Jean-le-Bon, reprenant volontairement sa captivité.

désormais, notre noblesse? A toutes les récriminations, elle peut opposer les traditions de probité et de loyauté qu'elle garde précieusement comme le seul patrimoine qu'elle ait pu sauver des révolutions et qui contraste singulièrement avec la corruption et la vénalité de notre époque.

Grâce à ces rares vertus, la noblesse a dans la République un rôle prépondérant tout marqué ; si, ouvrant enfin les yeux à l'évidence qui éclate de toutes parts, et se rendant aux nécessités des aspirations modernes, elle obéissait, au lieu de le contrecarrer, au mouvement irrésistible de l'opinion publique et prenait la mission de le modérer, de le diriger et d'imprimer ainsi aux transformations de nos institutions une marche régulière et progressive qui nous épargnerait dans l'avenir ces soubresauts, ces cataclysmes dans lesquels, l'histoire à la main, la noblesse, par une obstination imprudente, a toujours laissé quelques lambeaux de son ancienne influence qu'il ne tiendrait qu'à elle de ressaisir aujourd'hui.

Trêve donc à ces envieuses distinctions de nobles et de prolétaires, de blouses et d'habits ; rappelons-nous que nous sommes les enfants d'un même pays, et qu'unis désormais dans un même esprit d'ordre et d'émulation, nous ne devons avoir qu'une devise : au plus digne !

UNE ADHÉSION

Il est indispensable de faire suivre l'article qui précède de certains commentaires. J'entends venir un torrent d'injures. Vous faites, dira-t-on, l'apologie des renégats et des traitres. Dans l'histoire de l'humanité, l'homme ne fait constamment que modifier son passé ; avant d'être chrétiens, nous étions idolâtres ; sans cela, où serait le progrès ; quant à l'accusation de trahison, elle est facile à réfuter.

Comment, élevé, je suppose, dans une famille légitimiste imbue de tous les principes, de toutes les doctrines, de toutes les traditions de la monarchie hériditaire, peut-on se rallier décemment à la République et rompre avec les idées du milieu dans lequel on a si longtemps vécu et auquel on est rattaché par tant de liens de parenté et d'intérêts ? Ne devrait-on pas être arrêté par la pensée seule du chagrin qu'une pareille détermination peut causer à des amis qui ne verront dans cette séparation qu'une apostasie, une trahison ?

Ah ! si une douleur doit être vivement ressentie, aucune, assurément, ne peut l'être davantage pour une conscience droite, que celle de tomber sous un pareil soupçon ; car le mensonge est affreux, la trahison abominable, horrible, et aucun châtiment n'est assez grand pour punir et flétrir un tel crime. Il faut donc savoir si réellement on est coupable à ce point en se ralliant à la République.

La trahison suppose la mauvaise foi, l'oubli du devoir, la capitulation de la conscience devant des concessions qu'elle réprouve. Dans cet état, l'homme tombe au dernier degré d'abjection et d'avilissement. Mais celui qui se rallie à une opinion dominante, ne pourrait-il invoquer, contre tant de noirceurs, le patriotisme qui commande et fait un devoir à chacun de s'effacer devant l'intérêt général ?

Est-ce donc un crime de se rendre à la voix de la sagesse ? Le bien du plus grand nombre ne doit-il pas étouffer notre égoïsme ? L'honneur vrai ne consiste-t-il pas dans l'esprit d'abnégation, de sacrifice et de devoir ?

On parle constamment de la fidélité et de la reconnaissance qui doivent lier la noblesse à une monarchie quatorze fois séculaires ; mais alors, si le temps suffit à aliéner notre liberté, la fidélité et la reconnaissance cessent d'être des mouvements libres et spontanés et n'existent plus par ce fait ; et personne de raisonnable n'admettra que ni la fidélité ni la reconnaissance exigent que nous poussions l'abnégation jusqu'à accepter la servitude. Il n'y a de vertus que pour l'homme libre. Au surplus, comparant dans l'histoire le rôle de la royauté à celui de la noblesse et jugeant avec impartialité, on est obligé de convenir que la royauté doit plus à la noblesse que celle-ci à la royauté, car depuis les grands feudataires jusqu'aux seigneurs de Louis XIV, la couronne et l'aristocratie sont en lutte permanente ; et celle-ci, définitivement écrasée, achève de se ruiner et de se perdre dans les fêtes brillantes de Versailles où elle finit par tomber dans une sorte de domesticité ! Une pareille déchéance impose-t-elle tant de reconnaissance ? Et, pourtant, si la royauté a subsisté si longtemps, c'est qu'entre elle et la nation il y avait pour contre-poids cette aristocratie qu'elle ménageait si peu ; aussi, du jour où elle l'a réduite à l'impuissance, le trône, se trouvant démasqué et seul en face de la nation, n'a pu résister au flot populaire et a été entraîné dans la tourmente de la Révolution. Si donc reconnaissance est due, c'est par la royauté à cette noblesse, qui ne lui marchandait pas son sang et lui faisait un rempart contre les empiètements du peuple dont Etienne Marcel fut un des premiers tribuns.

Quant au dévouement au roi, il était le plus souvent stimulé, il faut en convenir, par l'intérêt qu'y trouvaient les courtisans. A part de rares exceptions, on défendait sa propre cause, et assez d'exemples tragiques, dans les annales de la monarchie, ont prouvé que les souverains qui essayaient de toucher à ces intérêts, payaient chèrement, quelquefois de leur vie, ces tentatives audacieuses.

Soyons donc de bonne foi. Alors, comme aujourd'hui, la noblesse voyait dans le Roi le symbole, le représentant de ses priviléges, de ses faveurs, de ses dignités ; en un mot, le dispensateur des largesses puisées dans la bourse commune, et son attachement s'adressait plutôt à ces avantages qu'à la personne même du souverain. Qu'importe qu'il se fût appelé Henri, Louis ou Philippe, pourvu qu'il restât fidèle aux obligations qu'il contractait envers la noblesse à son avènement. Toute peine mérite son salaire, et c'était pour le monarque une manière de témoigner sa reconnaissance à ceux qui le soutenaient. On voit donc, en mettant les choses à leur véritable place, que cette fidélité et cette reconnaissance, que l'on fait sonner si haut, rentraient plus dans les devoirs du souverain que dans ceux de la noblesse qui ne se gênait guère pour se mettre en rébellion lorsqu'elle croyait ses intérêts menacés. La personne donc du Roi s'effaçait devant l'idée qu'il représentait, et celle-ci résumait tous les biens, tous les priviléges, toute l'autorité concentrée dans une classe distincte et peu nombreuse, relativement au reste de la nation. Mais en présence de ce principe, plutôt oligarchique que monarchique, se formait un parti qui, s'accroissant chaque jour parce qu'il s'appuyait sur des intérêts plus généraux et plus étendus, devait finir par absorber tout le pays dont il représentait les aspirations, et alors, de bonne foi entre ces deux partis, entre une caste, une coterie et une nation entière, si l'on n'écoute que le patriotisme et le devoir, lequel faut-il choisir ? Faut-il se renfermer comme dans une citadelle, dans des préjugés mesquins, dans des intérêts personnels et égoïstes; ou bien, cédant à un mouvement d'abnégation, comme la noblesse dans la nuit du 4 Août, n'y a-t-il pas plus d'honneur à sacrifier ses vues et ses préférences individuelles à la cause publique et à servir loyalement le régime que la nation s'est donné comme le plus opportun, le plus utile, au temps et aux circonstances dans lesquels elle se trouve ?

Certes, il ne s'agit plus, comme alors, de renoncer à des priviléges qui ont disparu avec les classes. La transformation sociale a eu lieu, mais la fusion politique reste encore à faire, et quoi qu'on dise, certainement elle se fera. Evidemment, elle rencontre bien des résistances, elle a contre elle un parti puissant, formé de tous les débris des partis monarchiques et qui, sous le nom de conservateur, cherche à enrayer le mouvement vers la République, avec la même opiniâtreté que mettait l'ancienne aristocratie à entraver la Révolution qui n'en a pas moins eu son cours, et d'autant plus violent, qu'au lieu d'être contenu et dirigé, il avait à briser les obstacles qu'on lui opposait. Ce titre de conservateur est d'ailleurs tout-à-fait impropre. L'ancien régime pouvait aussi s'appeler conservateur.

En définitif, qu'a-t-il conservé du passé ? Certes, moins qu'il eût pu faire si, pénétré des exigences de l'époque, il avait su faire les concessions nécessaires et surtout opportunes. Aujourd'hui, nous assistons à la même scène, à la même répétition ; et c'est le cas de dire que nous n'avons rien oublié ni rien appris. Les conservateurs de notre époque ne sauraient mieux faire pour achever de perdre ce qui leur reste de prestige et d'autorité, et nous pousser peut-être à des aventures dont ils ne recueilleront pas plus de profit que l'ancien régime, après les excès de la Révolution. La véritable conservation consiste à s'acclimater dans une juste mesure, dans le milieu, les circonstances et les exigences de l'époque que l'on traverse.

Ainsi, avant tout, il est incontestable qu'en face de ces deux idées de Royauté et de République, l'idée de Patrie doit dominer, et que le devoir, l'honneur, la conscience, exigent que les vœux et l'intérêt du pays passent avant toute considération.

Lorsque les royalistes prétendent que leurs adversaires font passer la République avant la France, à leur tour les républicains ne pourraient-ils renvoyer le même reproche aux royalistes ? Qui peut donc régler le différend entre eux, sinon la nation, qui seule a le droit de dire sous quel régime elle entend vivre, et dès lors, n'est-ce pas un devoir de se soumettre à sa décision souveraine ?

Ne dites pas que la patrie ne peut être heureuse que sous une forme déterminée de gouvernement.

S'il y a eu des républiques détestables, il y a eu aussi des royautés abominables. Un pays est heureux, bien moins par la forme de son gouvernement que par l'intégrité et la moralité des hommes qui administrent, et dont la tâche est adoucie par la bonne volonté de ceux qui doivent obéir. Qu'importe la forme ? La nation ne reste-t-elle pas composée des mêmes individus, des mêmes passions, des mêmes éléments ? Au lieu de les surexciter par une opposition imprévoyante et un dénigrement systématique, n'est-il pas plus juste, plus rationnel, de les calmer et de les améliorer ? Et puisque le pays a adopté la solution républicaine, l'amour de la France doit imposer silence à toute préférence individuelle et commander à chacun assez d'abnégation, de justice et de patriotisme, sinon pour se rallier, du moins pour respecter et accepter loyalement le régime qu'elle s'est donné. De bonne foi, y a-t-il dans cette soumission à la volonté nationale une seule concession que réprouve la conscience ?

Ah ! on ne vous demande pas d'arracher de votre cœur ni de vos souvenirs l'antique image qui symbolisait votre puissance passée et vos anciennes prérogatives, mais seulement de faire passer avant elle l'image, plus grande encore, de la patrie. Le chef lui-même, de la maison de France, a dit que l'heure était à Dieu et la parole à la France. Laissez donc toujours l'heure à Dieu, mais la France, depuis longtemps, a parlé assez haut pour que tous vous ayez pu l'entendre : en vous rendant à sa voix, vous ne ferez qu'obéir au prétendant lui-même, qui ne saurait vous faire un crime de faire un acte de raison, de sagesse et de patriotisme, en acceptant la République que la France, par tant de scrutins, a proclamé ! puisque lui-même a dit que la parole était à la France.

Cte DU BRIEUX.

NOTE

———

Cette brochure n'étant tirée qu'à un petit nombre d'exemplaires destinés à quelques personnes de connaissance, c'est avec intention qu'au lieu de me servir d'un pseudonyme, je signe : Comte du Brieux, et que j'établis la table généalogique ci-dessous, qui serait parfaitement déplacée dans un ouvrage devant tomber dans le domaine public.

Loin de renier ce que le passé nous a laissé de bon et d'utile, et pour mieux montrer que la vieille institution de la noblesse pourrait se rajeunir et tenir la tête de la nouvelle aristocratie qui naîtra infailliblement sous la République par le prestige du talent et de la vertu, j'appose à cette brochure un titre nobiliaire, espérant démontrer que sous une république, un comte du Brieux peut faire aussi noble figure que sous une monarchie :

1° Hyacinthe-Marie, comte Tanneguy du Chastel, seigneur de Parcaric ; de Guerdevollé, chevalier de Saint-Louis, chef de nom et d'armes, épousa, en 1730, Françoise-Mauricette de Kergariou, dame de Kervégan, dont deux filles : 1° Françoise-Claude-Haude ; 2° Marie-Renée ;

2° Françoise-Claude-Haude Tanneguy du Chastel, épousa, en 1757, le seigneur de Tréotat et du Kervin, comte du Brieux, dont six enfants : trois garçons morts sans postérité, et trois filles, dont une seule mariée, Tanguyne du Brieux, ma grand'-mère, en qui s'est éteinte la lignée des comtes du Brieux, que j'ai, tout comme un autre, le droit de faire revivre. Au surplus, aux personnes trop chatouilleuses, je rappellerai qu'après les journées néfastes de Crécy, Poitiers et Azincourt, où fut moissonnée la fleur de la chevalerie française, le roi, pour reconstituer sa noblesse et faire revivre tant de noms éteints, ordonna qu'à l'avenir, le ventre anoblirait ; et Montaigne, au xvie siècle, déclarait que presque toute la noblesse de son temps venait du côté des femmes. Nous voilà donc bien loin de la cuisse de Jupiter ; ne nous en plaignons pas, car, quoi qu'on dise, la femme joue dans l'humanité le premier rôle ; elle en est l'âme, et nous n'en sommes que les instruments ; en elle réside la bonté, la beauté, la grâce, la noblesse des sentiments ; en un mot, la véritable aristocratie.